서문

일러두기

이 책은 크리스틴 델피가 1970년부터 1978년 사이에 발표한
유물론 페미니즘 텍스트를 엮은 책 『주적 1권: 가부장제의
정치경제학 L'ennemi principal - tome 1: Économie politique du
patriarcat』의 서문을 완역한 것이다.

크리스틴 델피

가부장제의 정치경제학

서문

봄알람

이 책에는 내가 1970년대부터 쓴 이론 텍스트 대부분이 담겨 있다. 그 주제는 당시에는 '여성의 조건' 혹은 '여성들이 가진 문제'라 불렸으나, 20세기 페미니즘의 제2물결을 맞이해 나는 이를 '여성 억압과 가부장제의 문제'라 부르고자 한다. 여기에서 억압은 억압받는 이들의 상황을, 여성은 이 억압을 경험하는 이들을, 가부장제는 이 모두를 조직하는 사회경제적 체계를 의미한다. 나는 이때 시대에 따라 형식이 다르게 발현되는 바— 사실 우리가 생각하는 것보다 변화는 덜 유동적이다—를 연구하지 않는다. 그보다는 28년 정도로는* 바뀌지 않으며 오직 긴 시간에 걸쳐서만 변화하는 '구조'를 다룬다. 1권에 수록된 텍스트는 1970년에서 1978년 사이에 쓰였다.

---

*   이 글은 1997년에 쓰였다.

내가 발전시킨 가부장제에 대한 분석에는 나름의 역사가 있다. 내가 완성한 개념화는 겉보기에는 서로 관계가 없어 보이는 두 이론적 지평에서 출발했다. 하나는 유산 상속에 대한 연구이며, 다른 하나는 여성해방운동을 향한 좌파의 비판에 대한 대답이다. 여기서 '겉보기에'라고 말한 까닭은 실제로 연구를 시작할 때는 내가 여성에 '관해' 즉 우리가 경험하는 억압에 관해 연구하고 싶었기 때문이다.

당시 내 연구를 지도한 피에르 부르디외가 "아무도 그런 주제로 연구한 사람이 없으므로 불가능하다"라고 답했기 때문에, 초기의 관심사를 에둘러서나마 유지하기 위해 나는 유산 상속을 연구 주제로 택했다.[1] 이 연구에서 나는 첫 번째 발견을 하게 된다.

어마어마한 양의 재산이 시장을 통해서 이동하지 않고 가족 안에서 순환한다는 점이다. 구체적으로 이 재산은 '유산'이라고 불린다. 나는 또한 재산에 대해 모든 것을 다룬다고 알려진 경제학이 사실은 생산, 순환, 소비 체계의 일부에 지나지 않는 부분, 즉 시장만을 다루고 있다는 점을 발견하게 되었다.

당시 나는 역사적으로 새로운 프랑스 페미니즘 운동(1968~1970년)의 시초였던 두 집단 중 하나인 '여성성, 남성성, 미래'(FMA)[2]에 참여하고 있었다. 그리고 혼성으로 이루어진 이 그룹의 남성 회원 중 한 명의 주장에 매우 신경이 곤두서 있었다. 나 혼자만 그런 건 아니었지만 영화 「캐치 22Catch-22」의 주인공처럼, 나는 이 문제를 유독 개인적으로 받아들였다. 그 남자는 여성 억압이 프롤레타리아 억압과 같은 정도의 중요성을 띨 수 없다고 주장했다. 왜냐하면, 그가 말하길, 여성들은 억압받기는 하지만 '착취당하지'는 않기 때문이다. 나중에 깨달았지만, 이런 주장은 사실 원형의 아이디어가 아니라 당대의 인식론이었다. 나는 이런 인식을 남성들 사이에서뿐 아니라 여성들에게서도 맞닥뜨렸다. 개인적 의견, 정치적 입장, 당의 노선의 형태로.[3]

무언가 잘못되고 있다는 느낌을 받았다. 이 집단의 모두가 여성이 남성의 임금 절반으로 두 배 더 일한다는 사실을 알고 있었는데도 경제적인 차원에서 여성 억압이, 이론적으로 존재하지 않는다니! 모두가 가사노동의 존재를 알고 있었다. 하지만 이 문제는 그저 성가신 일의 불공평한 분배 정도로만 비쳤다. 좋은 질문을 던지지 못한 결과였다. 그러니 좋은 대답을 얻지 못했다 해도 놀라운 일은 아니다.

　　유산과 비-시장 영역의 경제적 측면에 대한 내 작업은 좋은 질문을 던지는 연구를 해나가기에 무척이나 유용했다(Delphy 1969). 1970년, 나는 노동에 대한 세 가지 주장 혹은 가설을 구상했다. ① 가부장제는 현대 산업사회에서 남성에 대한 여성의 종속 체계다. ② 이 체계는 경제적인 기반을 가지고 있다. ③ 이 기반은 가정 내 생산이라는 생산 양식이다.

　　누구나 예상할 수 있듯 이 세 가지 기본적인 생각은 아주 논쟁적이며, 최근에 들어서야 다른 저자들에게서도 언급되고 있다.

　　나는 여성들이 가정 내에서 가사노동

을 할당받아 남성보다 더 많은 노동량에 시달리게 된다는 사실에 부여할 수 있는 이론적 지위에 대해 고민했다. 벤스턴과 라르기아와 같은 저자들(델피, 『주적』참조)은 나와 마찬가지로, 나와 같은 시대에 각자 다른 방식으로 가사노동에—실용적일 뿐 아니라—이론적인 중요성을 부여했다. 그러나 이들 모두는 서로 다른 결론에 이르렀다.

다행히 나는 1966년 시작한 유산 분석을 통해 시장을 탈신비화하고, 교환 가치와 사용 가치 간 대립이라는 고전적인 함정에 빠지지 않을 수 있었다. 이 함정은 선구자인 벤스턴(1969)과 라르기아(1970)뿐 아니라 후속 연구자들마저 미궁에 몰아넣었다. 몇 년의 연구 끝에 나는 유산을 재산의 순환 방식으로, 따라서 '경제적 장소' 가운데 하나로 보는 이론을 창안했으며 이러한 순환의 형식적인 특징을 구별해냈다.

　　흔히 '유산'이라고 부르는 재산의 순환 방식은 '시장'이라고 불리는 순환 방식과 하나하나 대비된다. 바로 ① 교환이 아니라 증여에 의해서 규정된다는 점 ② 행위자들은 서로 대체될 수 없으며 모부가 매긴 규칙에 따라 엄격하게 정해진다는 점 ③ 이때의 순환은 행위자들, 즉 증여자와 수혜자의 선의에 의거하지 않는다는 점에서 그렇다.

　　이로써 나는 정치경제학에서 다루어지지 않을 뿐 아니라 애초에 비-경제로 정의되는 경제적 측면을 찾아냈다. 경제학의 정의대로라면 경제는 시장과 불가분하기 때문이다. 어원적으로 경제는 '집oikos'의 '규칙nomos'으로서, 생산 단위인 가정의 경영을 일컫는다. 근대에 경제가 등장했을 때에도, 이는 여전히 원칙적으로 통치권자의 사적 영역인 왕가의 경영 기술에 대한 것이었다. 국가는 거대한 가족이었다. 그러나 경제학이 '엄밀한' 과학으로 굳어지자, 이 경영과 부가 인간 행위 바깥의 우주적 움직임의 법칙을 따르는 것처럼 보이는 효과가 생겼다. '경제économie'에 '정치politique'라는 단어가 더해지면서 경제는 '폴리티politie' 즉 국가를 생산의 장소로 여기게 되었고 실제 생산의 장소는 도외시했다. 이처럼 경제가 생산과 그 조건들보다 교환에 더 집중하면서 경제와 시장 간의 등식이라는 이념적인 레짐이 탄생했고, 우리는 여전히 그 안에서 살아가고 있다.

경제 개념의 전회는 가족 관계를 사

유하는 방식에서 일어난 변혁과 궤를 같이
했다. 가족 관계의 일부인 애정적 유대가 결
혼과 가족에 대한 사유의 전면에 등장했다.
이 사유는 지시적이며 현실에 영향을 미쳤
고, 여전히 그러하다. 하지만 동시에 기술적
이기도 했는데, 정말로 기술을 했다는 의미
라기보다는 그렇게 하는 척하면서 가족 관
계 내에 영속하는 이해관계에 "감동적이고
감상적인 베일"(카를 마르크스, 『공산당 선언』)을
드리웠다는 뜻이다.

　　　　책을 쓰기 시작한 1970년과 서문을
쓰는 1997년 지금 우리의 상황은 이렇다.
경제와 가정이 서로 너무나 다른 '현실' 영역
에 속할 뿐 아니라 심지어 구성한다고 여기
는 인식이 일반적이다. 단어의 기원을 참조
하자면 '가정경제'라는 말은 동어반복임에

도 그러하다. 하지만 경제와 가정을 같은 문장에서 이야기하는 건 몰상식할 뿐 아니라 외설적으로 보이기까지 한다. 그리고 사회를 연구하는 인류학자들은 경제가 사회로부터 '친족 관계를 차용한다'고 말한다. 구체적인 차이가 존재하지 않음에도 인류학자들은 ('경제'와 '친족' 간에) 개념적 차이가 실재한다고 여기며 '원시인들'은 물질적인 수단의 결핍 때문에 이를 간과했거나 혹은 지적인 수단의 결핍 때문에 혼동한 듯 말한다. 경제가 친족 구조를 '차용한' 것이 아니라 친족이 바로 경제 제도(이기만 한 것은 아니라 하더라도)임을 알아보지 못하는 이런 무지는 특정한 방식의 민족 중심주의를 드러낸다. 인류학자들이 전반적으로 가정의 경제적 성격을 부인하는 이유는 그들이 자신들의 원사회, 즉 우리 사회 속 가정의 경제적 측면을 간과하기 때문이다.

1960년대 일어난 페미니즘의 제2물결은 19세기 말에서 20세기 초에 일어난 제1물결과는 많은 부분에서 구분된다. 차이 중 하나는 제2물결의 주창자들에게 임금노동이 가부장제의 종식을 불러오리라는 엥겔스의 주장에서 오류를 발견할 충분한 시간이 있었다는 점이다. 1970년이 되자 우리는 더 이상 여성들이 '공적 영역'(엥겔스의 용어다)에 있지 않기 때문에 억압당하는 것이라 말할 수 없게 되었다. 이러한 '설명'에 실망한 많은 여성 이론가가 서로 협력하지도, 서로 알지도 못한 채 공적 영역과 임금노동에서 눈을 돌려 사적 영역과 가정에 집중하기 시작한 것도 그래서다.

그러니 가정과 가정 내 노동을 살피게 된 사람은 나 혼자가 아니었던 셈이다. 하지만 다른 이들과 달리 나는 이미 교환이 아닌 증여로 특징지어지는 가정 내 재화의 순환 규칙에 대한 이론을 가지고 있었다. 이 이론은 가정 내 생산에 대해 경제학자들이 세운 전제에서 탈피한 관점을 가져다주었다. 그 전제란 바로 경제와 시장, 경제와 교환이 동의어이자 불가분의 관계라는 믿음이다.

가사노동의 무가치는 이 노동을 개념화하는 과정에서 많은 이에게 예나 지금이나 장애물로 남아 있다. 그런데 내게는 이것이 그 개념을 더욱 명료화하는 하나의 열쇠로 다가왔다. 사실 가사노동의 무가치와 여기에서 비롯된 교환 가치와 사용 가치의 대립은 시장에서만 의미를 지니는 개념이었다. 내가 발전시킨 가정 내 재화의 순환 형태를 다룬 이론에 힘입어 나는 시장 가치가 없다는 것이 가정경제의 특징임을 알게 되었다. 가정경제는 경제 활동의 부재가 아니라 다른 경제의 존재를 드러낸다. 이 무가치를 가사노동의 구성 요소로 간주하면서 나는 다음을 증명하고자 했다.

> » 가사노동이 무료인 까닭은 시장에서 배제되었기 때문이지 그 반대가 아니다.

> » 시장에서의 배제는 가사노동 혹은 특정한 노동만이 아니라 사회적 주체들과, 더 구체적으로는 사회적 관계와 관련이 있다.

> » 가사노동을 묘사하기 위해서든 설

명하기 위해서든 이를 '해야 하는 일거리'의 관점에서 다루는 것은 오류다.(이러한 접근이 일반적으로 가사노동에 '내재한 가치'를 평가하려는 암묵적인 시도에 기반을 두고 있기 때문에 더욱 그렇다. 이런 시도는 다른 생산 양식에 관해서는 나타나지 않는다.)

이 요소들은 이후의 작업에서 다시 언급되고, 표면화되고, 발전되지만 첫 텍스트인 『주적』 속에 최소한 잠재적으로 존재하고 있었다. 이때부터 나는 가사노동에 대해 경험적이지 않고 이론적인 정의를 제시할 수 있었으며, 이로써 가사노동을 '가정 내 노동'이라는 훨씬 더 넓은 범주의 특정 부분으로 규정했다(델피, 『가사노동 혹은 가정 내 노동』참조). 이 무렵은 내가 '가정 내 생산 양식'이라는 개념을 고안했던 시기다.(해당 개념은 이후 마셜 살린스와 클로드 메이예수에게 채택되었으나, 그 의미는 왜곡되었다.) 우리 사회에 하나 이상의 생산 양식이 존재한다는 주장은 그때 당시만 하더라도 굉장히 문제적이었으며 지금이라고 다르지 않다. 그러나 이 접근법은 조금씩 입지를 굳혀나갔고, 프랑스 내외의 많은 저자에 의해 채택되었다. 경제학 전문가 그리고 더 일반적으로 사회학 전문가들은, 특히나 남성인 경우 이 개념을 통합시키기 어려워했다. 그 개념들이 이미 '비공식적' 노동이 널리 연구되는 그들의 분과 내 자체적인 용어 안에서 이해될 수 없기 때문이 아니라 다른 이유 때문이었다. 가정 내 노동이 여성들에 의해서 이루어진다는 점이 이 문제를 중요하게 생각할 수 없게 했다. 남성들은 가정 내 노동의 물질적인 생산에 대한 관점도 이론적인 관점도 갖추지 못했다.

여느 생산 양식처럼, 가정 내 생산 양식 역시 재화의 소비와 순환에 대한 것이다. 자본주의 생산 양식에서, 적어도 첫눈에 지배자와 피지배자를 구별하는 소비 양식을 구별해내기란 쉽지 않다. 소비가 '보편적인 교환 가치' 즉 돈에 의하여 매개되기 때문이다. 하지만 반대로 가정 내 생산 양식에서 소비는 가장 중요하며 차별적인 힘(델피, 『가족과 소비』 참조)을 가지고 있다. 사실 이 두 생산 양식을 가로지르는 핵심적인 차이 가운데 하나는 가정 내 생산 양식의 피착취자들이 보수를 지급받는 대신 부양된다는 데 있다. 이처럼 생산물의 불공평한 분배가 돈으로 매개되지 않으므로, 가정 내 생산 양식에서 소비는 생산과 분리되지 않는다.

이 소비 양식은 그저 양적인 착취뿐 아니라 질적인 착취를 측정하기 위해서도 연구할 필요가 있다. 부양을 구성하는 요소를 이해하고 부양이 어떻게 임금과 다른지 알아내기 위해서다. 너무 많은 사람이 부양을 금전적인 교환 가치로 '번역'하고 있다. 마치 남성으로부터 외투를 받는 여성이 받은 것이 외투의 '가치'인 듯 말이다. 그렇게 함으로써 사람들은 임금 지급과 현물 지급 간의 핵심적인 차이, 소비된 '가치'와 무관하게 자유로운 소비와 자유롭지 않은 소비 사이를 가르는 이 차이를 지우게 된다.

모든 생산 양식은 순환 양식이기도 하다. 가정 내 생산 양식 특유의 순환 양식은 유산 상속으로, 이는 부분적으로 유산 상속 절차에 의해서 이루어지지만 그게 다는 아니다. 유산 상속은 우리 사회의 특정 영역들, 특히 농촌 지역에서는 제법 잘 연구된 바 있으나 이외의 지역에서는 완전히 무시되었다.

가부장제와 자본주의

재화의 세대 간 순환에서는 생산 수단의 소유자와 비소유자로 구분되는, 상호보완적인 동시에 대립하는 계급을 생산하는 기제가 작동하는 것을 볼 수 있다. 이 소유 박탈의 효과는 농촌에서 명확하게 드러난다. 상속받지 못한 자—여성과 막내—는 남편 혹은 상속자 형제를 위해서 무급노동한다. 가정 내 자원 순환(상속 증여와 계승의 규칙)이 가부장제 생산의 관계를 향해 곧장 돌진하는 것이다.

하지만 유산 상속은 세대를 이은 자본주의 생산 양식의 재구성이라는 또 다른 차원에서도 중요하게 작용한다. 유산 상속은 각 가족 내부에서뿐 아니라 가족 간에도 소유자와 비소유자를 발생시킨다. 유산 상속의 이 두 번째 특징은 사회 이동 전문가들이 실제로 연구한 유일한 부분이었다. 첫 번째 특징인 자매형제 간 계급 차 발생은 민족지학자와 사회학자들로부터 묵인되었으며, 심지어 부정되기도 했다. 특히 딸들의 소유 박탈 문제에 관한 증거가 도처에 있음에도, 이들은 한 가정의 모든 자녀가 가장의 지위와 재산을 물려받는다고 주장했다(델피, 『유산 상속』 참조).

전통적인 사회학〔프랑스에서는 부르디외 (1964)와 부동(1979)을 떠올릴 수 있겠다〕은 사회 지위의 상속에만 방점을 찍었다. 나는 반대로 이 지위의 비-상속자에 주목하려고 한다. 유산 상속 혹은 가업 계승의 문제를 두고 발생하는 자녀 간의 불평등 말이다. 가정 내 절차와 계층화 절차 사이 상호작용에 대한 더 넓은 관점에서 보면, 이 두 절차는 마치 조명처럼 사회적 계층 내에 인간을 분배하는 것은 다름 아닌 가족이라는 사실을 비춘다. 하지만 이 과정은 자동으로 이루어지지도, 자녀 간에 '평등주의적으로' 이루어지지도 않는다. 내가 그러했듯 이를 문제 삼으며 유산 상속이 '동일한' 사회 계층을 재생산하기는 커녕 각 세대에서 상속받는 자와 상속받지 못하는 자 사이에 어느 정도로 다른 패를 나누어 주는지를 살피면, 가정 내 계층화와 '사회적' 계층화 간 더욱 강력한 연관성이 드러난다. 직업의 계승 혹은 비-계승, 양육자의 지위 혹은 재산의 대물림 혹은 비-대물림은 가정 내 생산 양식과 자본주의 생산 양식이 서로 만나고 통하는 순간이라고 할 수 있다.

이게 다가 아니다. 사실 여성들은 이런 방식으로 생존수단에 직접 접근할 길을 빼앗겼을 뿐만 아니라, (넓은 의미의) 상속인들이 생산 양식을 독점함으로써 이에 대한 소유를 박탈당했다. 물려줄 재산을 가지고 있지 않기 때문에 딸들에게서 박탈할 물질 자체를 소유하지 못한 가족도 많다(델피, 『유산 상속』 및 2권 참조) 이 경우 임금노동 시장에서 여성들이 마주하는 구조적인 차별—이를 우선 이중노동시장이라고 칭하자—이 이전의 기제를 이어받음으로써 그들이 삶을 건사하기 위해 필요한 수단을 소유하지 못하도록 하며 주로 결혼을 통해 가정 내 생산 관계로 들어가도록 이들을 밀어낸다.

노동시장 내 여성의 현실은 사회학 분과에서 활발한 연구 주제다. 여성들의 '가정 내 의무'와 임금노동 간의 관계는 이 영역에서 자주 기록되고 다루어지는데, 내 접근법은 이 관계가 맺어지는 일반적인 방향을 뒤집고자 했다. 우리는 보통 '가족 사정'을 주어진 조건으로 보곤 한다. 여성들에게 부과된 제약 조건인 '가족 사정'이 여성이 노동시장에 진입하는 장애물로 작용한다는 것이다. 틀린 설명은 아니다. 만일 우리가 여성이 노동시장에 진입하던 당시를 살고 있고 가족적 제약에 대해 의문을 제기하기를 거부한다면, 즉 이러한 제약을 외재화하고 자연화한다면 말이다. 하지만 반대로 가족 사정이라는 것을 설명해야 할 무언가로서 다룬다면, 여성들이 착취적인 결혼 상황을 견디도록 하는 데 사랑만으로는 부족하다는 가설을 세워볼 수 있다. 노동시장에서 여성들의 객관적인 기회, 달리 말해 지위와 급여 면에서 사다리 아래로 추방당한 그들의 상태가 특정한 역할을 할 수도 있다. 이 상태가 결혼에 대한 객관적인 유인이 된다(델피, 『결혼과 이혼』 참조). 이러한 상황에서는 자본주의 생산 양식, 적어도 노동시장이야말로 가정 내부에서 이루어지는 가정 내 노동으로 인한 착취의 구조적 기반이자 선행 변수다.

가정 내 생산 양식과 가부장제

어떻게 가부장제와 가정 내 생산 양식 간의 관계를 의미화하고 이 사실들을 개념화할 수 있는가? 가정 내 생산 양식을 작동하게 하는 자본주의 기제에 대해 말하거나, 노동시장 내에서의 가부장제적 기제들에 대해서 말하면 될까?(예를 들어 실비아 월비가 1986년, 1990년에 그렇게 했다.) 답이 무엇이든 간에 확실한 점은 유산 상속이 가정 자체의 생산 관계를 견고하게 하는 것만큼이나 다른 생산 관계도 견고하게 한다는 것이다. 반대로, 자본주의 노동시장은 자본주의 생산 관계만큼 이나 다른 생산 관계도 공고하게 한다.

　　최소한 교환과 임금 체계를 가지고 있으며 우리가 관습적으로 자본주의라고 부르는 체제가 개인을 가정으로 진입하게 하고 따라서 이를 유지하는 데 상당 부분 기여한다면, 반대로 남성에 의한 여성의 전반적인 지배 체계인 가부장제와 가정 내 생산 양식 간의 관계는 어디에서 기인하는가? 가정 내 생산 양식과 가부장제는 동의어가 아니며 상호 호환될 수 없다. 가정 내 생산 양식이 가부장제를 전부 설명할 수 없다는 건 이미 알고 있는 사실일 것이다. 그러나 이 말은 가부장제뿐 아니라 여성의 종속에 대한 경제적 측면조차 다 설명할 수 없다. 가정 내 생산 양식의 영역은 가부장제의 경제적 착취 영역과 정확히 일치하지 않는다. 그 영역이 모든 사람을 고전적인 의미의 '계급'으로 바라보기 때문에 매우 방대한 동시에, 가정 내 여성에 대한 경제적 착취가 자본주의 노동시장에서의 여성 착취에 기초하므로 상당히 좁기도 하기 때문이다.

가정 내 생산 양식은 여성 종속의 다른 요소들, 특히 억압—경제적 착취처럼 물질적인 것뿐 아니라 예컨대 물리적이거나 상징적인 성화된 폭력(대상이 여성이냐 혹은 남성이냐와 연결된)과 물리적이거나 상징적인 성적 폭력(해부학적 기관으로서의 성기와 연결된)—을 고려하지 않는다. 이 점은 『주적』에서부터 다루어졌다. 우리는 이 폭력의 일부를 여성의 노동력 전유와 연결 지을 수 있다. 엔캥과 레셉스 그리고 내가 임신중단 금지를 다룰 때 그러했듯 말이다 (1970). 그러나 이렇게 맺어진 연결 고리들을 전부 분석해보면, 현상에 대한 설명이라고 부르기에는 너무 환원적이다. 따라서 가정 내 생산 양식에 관한 내 이론으로는 전혀 설명될 수 없거나 부분적으로만 설명되는 여성 억압의 측면들이 여전히 남아 있는 것이다. 총체적인 설명을 요하는 어떤 이들에게 이는 결함처럼 보일 텐데, 나는 오히려 이론의 한계를 명확하게 정할 수 있는 능력이 그 이론이 지닌 효용의 조건이라고 본다. 이런 한계를 지어야만 이론이 반증 가능한 것(확증되거나 무효가 되거나)이 될 수 있기 때문이다.

인식론과 방법론, 유물론

일상적으로든 학문적으로든, 작위나 부작위를 통해 성별 간 노동 분업과 위계를 조성하는 전제 조건들이 있다. 나는 이런 조건을 비판하는 작업을 꾸준히 해왔다. 나의 인식론적(지식에 대한 담론이자 지식 연구) 기여는 나의 글들 전체에 널리 드러나 있으며, 항상 각 글의 중요한 차원으로 자리한다.

이 인식론적 해체의 비판적인 측면 중 앞에서 이미 다룬 부분은 다시 언급하지 않겠다. 앞서 나는 경제의 개념을 그저 시장의 영역으로 한정하는 분석을 문제 삼았다. 그리고 가족이 '단위'로서만 경제적 측면을 갖는다는, 즉 가족 바깥에 대해서만 그러할 뿐 가족 기능 내에서는 경제적이지 않다는 주장을 거부한 바 있다.

　　1977년 집필한 『계층화 연구 속의 여성』에서는 사회학 안에서 여성과 남성을 다루는 비중의 불평등을 문제 삼았다. 새로운 사실들을 동원할 필요도 없이 이 글에서 나는 단순히 사회 이동 관련 연구의 인식론적·방법론적 편향만을 근거로 들어 여성들이 속하는 고전적인 '계급'이 그들의 남편의 계급과 '닮아' 보이는 것은 전적으로 여성들이 남성들과는 다른 방식으로 취급되기 때문이라는 것을 증명했다. 오직 여성에 대해서만 우리는 결혼 여부를 사회 직능적 지표로 활용한다. 그러니 여성들이 사회 직능 범주 (CSP)에 따라 평가받는 '남편과 같은 계급'에 속하게 된다고 해서 놀랄 일이 어디 있겠는가. 하지만 '우선' 이토록 총체적인 분화 과정을 남편에게도 적용했어야 한다. 나는 『우리의 아군들과 우리』에서 이 점을 비판하고 정치적 목표와 결과를 도출했다. '학문적' 절차의 오류는 우연히 혹은 되는 대로 발생하는 것이 아니기 때문에, 이 '편향'은 사회 질서와 직통한다는 결과다. 사회학은 다른 학문이 그러하듯 사회학자들이 듣고 싶은 것을 말하기 마련이다.

　　나의 인식론적 기여 가운데 가장 중요한 네 가지 축은 다음과 같다. 이때 나는 내 접근을 '유물론적'이라는 단어로 규정짓고자 한다. ① 몰역사성 비판 ② '총체성' 연구 비판 ③ 자연주의 비판 ④ 기존 학문에 대한 비판과 성별 위계를 연구하기를 우선하는 관점, 즉 페미니즘 관점의 발전.

1. ‘여성의 지위’ 혹은 ‘노동 분업’을
   다루는 대부분 이론의 몰역사성 비판

1970년부터 나는 ‘가부장제’라는 단어를 사용했다. 이론화 작업을 하는 동안 나는 가정 내 생산 양식과 가부장제의 관계를 구체화하는 데에만 이 용어를 특별히 그리고 제한적으로 사용하고자 했다. 모호한 단어를 쓸 때도 있었지만 그런 경우에는 모호성에도 불구하고 그 단어가 과거에도 지금도, 현실의 모든 면면에 관여하는 전체를 드러내는 데 가장 적합했거나 적합하기 때문이다. 나는 처음부터 내 작업의 기초 전제를 짚고 넘어가고 싶었다. 여성 억압이 ‘체계를 만든다’는 사실이다. 하지만 어떤 체계인가? 그것이 바로 질문의 전부다. 이 개념은 채워나가야 하지만 조금씩밖에는 해나갈 도리가 없다.

　　하지만 나는 처음부터 용어를 채택하는 데 제한을 두었다. 많은 이에게 '가부장제'는 '여성 종속'과 같은 말이다. 내게도 그 용어는 물론 그런 뉘앙스를 준다. 하지만 나는 '지금 여기의'라는 말을 붙임으로써 커다란 차이를 만들어내고자 한다. 나도 그렇고 우리는 자주 이런 말을 듣는다. "가부장제는 석기시대부터 1950년 사이에 수정되었다." 그런데 이 말은 '나의' 가부장제를 일컫지는 않는다. 나는 몇 세기 동안 이어진 몰역사적인 총체로서의 가부장제가 아니라, 현대 산업 사회의 가부장제를 연구한다. 나는 나의 사회학자 동료들과는 달리, '생존'이론을 믿지 않는다.

　　현존하는 제도는 그것이 과거에도 존

재했다는 단순한 사실만으로는 설명될 수 없다. 그 과거가 최근이라 할지라도 그러하다. 오늘날 가부장제의 어떠한 요소들이 100년 전의 가부장제를 이루는 요소와 닮았다는 것을 부인하지는 않는다. 그러나 100년이라는 시간 자체는—어떤 기간 안에 무언가가 지속된다면, 그게 동일한 것이라는 의미이기는 해도—설명적인 요소가 될 수 없다.

많은 이는 어떤 제도가 과거에 탄생한 사실을 밝혀내면 그 현 존재의 핵심을 쥐었다고 여긴다. 그러나 실제로는 그 현 존재도, 과거의 등장도 설명되지 않는다. 사실 우리는 각 순간 제도의 존재를 그 순간의 맥락에 따라 설명해야 한다. 그리고 그 지속성—지속이라는 게 있다면—은 현재의 맥락에서 설명되어야 한다. 역사가들이 추구하는 특정한 설명은 사실 그다지 역사적이지 않다. 각각의 시기가 기능한 조건에 대해 고려하지 않는 설명은 모순적이게도 몰역사적이다. 이 경우 그것은 역사가 아니라 날짜의 기록일 뿐이다. 역사는 잘 다루어져야만 귀중한데, 바로 각각의 시기가 현재의 시기와 같은 방식으로 분석되었을 때 그렇다. 과거에 대한 학문이라는 이름에 걸맞은 연구는 공시적인 분석의 연속일 수밖에 없다.

'선사시대'라는 신화에서 '기원'을 찾는 연구는 이러한 거짓 역사 연구의 흉내일 뿐이다. 이는 이러한 연구가 자주 등장(안타깝게도!)할 때마다 내가 규탄해온, 규탄하는 이유 중 하나다.(또 다른 이유는 이런 연구 뒤에 숨은 자연주의적 전제다.) 마찬가지로,

학문적인 관점에서 현재 상황을 설명할 열쇠를 19세기에 묻는 것은 석기시대에 묻는 것과 똑같이 불합리하다(델피, 『프로토페미니즘과 안티페미니즘』참조).

2. '총체성' 연구 비판:
    총체성 연구는 상황의 특수성,
    특히 사회적 억압의 특수성과
    그 원인 및 기제의 특수성 간의
    혼동에 기초한다.

나는 여성 억압 전체—모든 측면—를 단번
에 설명하고자 하는 연구들을 불신한다. 모
든 다른 지배 현상에 대해서도 마찬가지다.
그 이유는 다음 두 가지다.

> 특수한 상황 전체를 설명하고자 하
  는 이론은 그 스스로도 특수한 위치
  에 놓인다. 대상 자체와 그 특수성에
  너무 달라붙어 있는 나머지 이 이론
  들 자신도 특수해지므로, 연구 대상
  을 유사한 다른 대상, 다른 지배 형태

로 대체할 수 없다. 비교할 수 있는 도
구를 갖추지 못했기 때문이다.

» 이론(개념 혹은 가설)의 설명력은 같
은 종류의 여러 현상 간 공통점을 찾
아낼 능력이 있는지에 달려 있다. 현
상 각각이 즉각적으로 드러나는 모
습, 즉 현상적인 현실을 뛰어넘을 수
있는 능력 말이다. 사물 존재의 근거
가 표면 너머에 존재한다는, 혹은 '숨
겨져' 있다는 관념은 이러한 학문적
접근의 일부를 이루고 있다.

내가 '생산 양식' 혹은 '계급'과 같은 개념을
사용한 데 대해, 때로 해당 개념들이 다른 상
황을 지칭하기 위해 고안되었다는 까닭으로
비판을 받을 때가 있다. 이 개념들을 사용함

으로써 소위 '성적인' 지배, 즉 한 성의 다른 성에 대한 지배의 특수성이 부인된다는 것이다. 그러나 분석은 거죽을 벗기면서 진행된다. 한 현상을 이해하기 위해서 우리는 우선 그 현상을 작은 조각으로 쪼개고 다시 모은다. 이 과정의 핵심이 뭘까? 바로 조각들이 연구 대상인 현상의 모든 예시와 일치한다는 점이다.(여기에서 현상은 한 집단의 다른 집단에 대한 지배일 것이고, 여성 지배는 그 하나의 예가 된다.) 그리고 이런 과정을 통해 재구성된 현상은 비교 가능해진다. 이해한다는 건 우선 비교한다는 것이다. 모든 학문이 그러하고 우리, 당신과 내가 일상에서 한 사람을, 장소를, 상황을, 당장 감각적으로 경험할 수 없는 사람들에게 묘사할 때 그러하듯 말이다.

하지만 구체적이지 않은 개념들은 묘사하기 위해서가 아니라 설명하기 위해 존재한다. 그것이 바로 분석이 품는 야망이라고 할 수 있다. 예를 들어, 오늘날 경제적 차원은 가족을 사유할 때 명백한 범주가 아니다. 하지만 몇 세기 전에는 그 어떤 현상을 사유할 때도 마찬가지였다. 심지어 오늘날 일상 용어에서 '경제'라고 불리는 현상들에 대해서도 그러했다.

그러고 나서 조각들을 다시 붙이면, 그 집합체는 결코 처음 다루어졌던 대상의 재구성이 아니라 '모델'이 된다. 모델은 기저에 존재하는 현실이자 대상에 대한 원인으로 지목된 가정에 대한 이미지다. 몇 개의 개념만 있으면 지리학자는 어떤 풍경이든 묘사할 수 있다. 모든 사람에게는 아니더라도 최소한 그들의 동료들에게는 국적에 상관없이 그렇게 할 수 있다. 그 묘사는 사진에 드러난 풍경, 즉 '겉으로 드러나는' 풍경을 보여주지는 않는데, 거기에는 두 가지 이유가 있다. 우선 근본적으로 '대상'은 '순수한' 사실 자체가 아니라 사실에 대한 즉각적이고 비표면적인 인식으로서, 이는 세계에 대한 특정한 시각, 파이어아벤트(1979)가 말하는 '자연적 해석'에 의해서 생겨난다. 다른 한편으로, 겉으로 드러나는 풍경은 맨눈으로는 보이지 않는 이데올로기적인 요소들을 내재할 뿐 아니라 '사진'으로 보았을 때 분석에 적절하지 않은 구성 요소들을 갖추고 있다. 일례로 하늘의 색깔은 지리학적 묘사에 전혀 적합하지 않다(우발적 요소이므로). 반대로, 암석의 기질 역시 풍경을 묘사하기에는 적합하지 않은 요소다.

　　우리는 대상에 대하여 이론이 '일반적'인 성격을 띨수록 더 많은 기술력을 가지지만 설명력은 덜해진다고 말할 수 있고 그렇게 말해왔다. 여성 억압에 대한 일반론이, 그 이론의 성질이 생물학-진화론적(가장 흔한 종류이며 인류학자들이 무척이나 즐겨 사용하는)이거나, 심리학적-진화론적-가족주의적(바댕테르와 같은 페미니스트 에세이스트들에게 널리 쓰이며 미국의 심리학자들로부터 차용한) 혹은 사회학적(여성의 전유나 사회 재생산 등의 이론으로, 일부 프랑스 사회학자가 사용하는)이거나에 상관없이 매혹적인 데에는 주어진 사례들의 질적 측면뿐 아니라 그 총체성, 즉 다루는 현상의 범주가 넓다는 점도 작용한다. 이 이론들은 공통적으로 '총체적 설명'을 찾고자 하는 오류를 범한다. 하지만 경험적 현상에 대한 총체적인, 따라서 '혼합된' 설명을 추구하는 모든 이론은 설명력이 상당히 떨어진다. 너무 많은 면면을 고려하느라고 모델을 구성하는 데 충분한 수준의 추상화에 도달하지 못하기 때문이다(이론적 체계와 구체적 체계의 차이를 알기 위해서는 『자본주의, 가부장제, 여성 투쟁』 참조).

게다가 이론(혹은 개념적 요소)이 총체적일수록, 즉 자신의 영역을 확장하려는 야망이 클수록 즉각적인 인식에 종속될, 따라서 이데올로기적이 될 위험이 커진다.(구체적으로 기술력을 가지기 위해서는 '사실들'에 달라붙어야 하기 때문이다.) 이는 내게 '총체적'이고자 하는 이론들을 의심하도록

하는 또 다른 이유가 됨으로써 나의 인식론
적 비판에서 세 번째 주요 축을 담당한다.

3. 자연주의 비판:
   사회적 현상을 설명하기 위한
   비사회적 현상의 활용

모든 걸 '커버'하려고 하지 않는 경우라 해
도, 한 성의 다른 성에 대한 예속 문제를 다
루는 대부분의 이론은 단 하나의 '원인'으로
모든 것을 설명하고자 한다.(대체로 이 두
야망은 사실상 연결되어 있다.) '유일한 원
인'을 찾고자 하는 갈증은 일반적으로 곧장
자연주의로 향한다(『프로토페미니즘과 안티페미
니즘』참조). 자연주의는 과학에서는 잘못된
방법론이다. 그러나 이 잘못은 학자들의 책
임이라기보다는 토착 이론에 대한 관용에서
비롯한다. 자연주의는 억압에 관한 토착 이
론 혹은 '자연 발생' 이론이다. 이 억압은 여

성에 대한 것일 수도, 유색인에 대한 것일 수도, 1세기 전이라면 프롤레타리아에 대한 것일 수도 있다. 우리는 19세기 노동자 계급 착취가 당시에는 계급 구성원의 '자연적인'(오늘날에는 '유전적'이라고 말한다) 열등함으로 정당화되었다는 사실을 잘 모른다. 그리고 자연주의는 사회학적 사유(여기에는 페미니즘적 사유가 포함된다)를 계속해서 오염(과도한 표현이 아니다)시킨다. 원칙적으로 자연주의는 사회학적 접근에 반하는데도 그러하다.

한 사례를 들어보자. 여성의 종속이 여성의 자연적 능력이 열등하기 때문에 발생한다고 하면 거의 모든 페미니스트와 많은 사회학 전문가가 폭동을 일으킬 것이다. 하지만 동시에, 압도적인 다수가 여전히 '생물학을 고려해야 한다'고 생각한다. 대체 왜일까? 알 수 없다. 과학은 프롤레타리아와 비백인의 억압에 대한 생물학적 '설명'을 차례차례 해체했다. 따라서 이러한 접근은 오늘날 별 가치가 없다. 수많은 영장류학자가 이를 막아보려고 했음에도 금세기에 우리가 인종 이론들의 붕괴를 목격한 만큼, 논리적으로 보았을 때 생물학 또한 역사에서 부여받은 적 없는 역할을 얻을 이유가 여전히 없다.

우리는 왜 집단을 구성하는—혹은 구성한다고 여기는—개인들의 해부학에 연연하면서 위계화된 집단으로 사회가 분리되는 현상을 설명해야 하는가? 이 질문이 적절한가는 (대답이 적절할까는 차치하고라도) 앞으로 밝혀내야 할 문제로 보인다. 반면, 자연주의적 '설명'은 당대의 생물학을 선택한다. 여성의 (약한) 근육이 지난 세기의 설명이었고, 1950년에는 여성들의 기질에 (해로운) 영향을 미치는 호르몬이 문제였고, 오늘날은 뇌의 (불균형한) 발달 때문이라고 한다. 페미니즘 연구의 전문가들은 이러한 '이론'에 분개한다.('일반적인' 사회학자라면 그래야만 할 것이다.) 그러나 누구도 '재생산'이라는 이름 아래 너무나 우호적인 대접을 받는, 생식을 중심으로 한 설명과 위의 이론이 근본적으로 어떻게 다른지는 아직도 설명해주지 않았다.

내 접근 방법의 근본적인 공리라 할 만한 것은 바로 여성과 남성이 '사회적' 집단이라는 점이다. 나는 이 두 집단이 사회적으로 명명되었고, 사회적으로 구분되었고, 사회적으로 타당하게 여겨진다는 이론의 여지 없는 사실로부터 출발한다. 그리고 이러한 사회적 관행에 대해 의문을 던진다. 이 사회적 관행은 어떻게 실현되며 어디에 쓰이는가? 이 사회적 측면에 최소한의 중요성만을 부여한다 해도, 우리가 그저 사회가 기능함에 있어 성별이 적절하다고 주장하는 데서 만족한다고 하더라도, 우리는 이 적절성이라는 것이 결국 사회적 사실이라는 점, 따라서 마찬가지로 사회적인 설명을 요구한다는 점을 고려해야 할 의무가 있다. 그게 바로 내 작업 가운데 많은 부분이 사회적 사실에 대해 자연적인 설명을 찾고자 하는 노골적으로 자연주의적인 접근 방식들을 규탄하는 데 할애된 이유다.

내가 자연주의와 유물론을 대립시킨다는 게 특이하게 보일 수 있다. 자연주의는 이론적인 효과 측면에서 이상주의와 부분적으로 연결되어 있다. 이상주의와 자연주의는 모두 위계가 일으키는 현상에 대한 설명에 적용될 때, 사회를 비-사회로 설명하고자 하고 인간의 '사회적인 기질'을 부정한다. 그렇기 때문에 나는 작업 전반에서 이러한 환원주의를 함축하고 있는 접근들을 내몰고자 노력했다(『프로토페미니즘과 안티페미니즘』 참조).

인식론적 성찰과 비판에 있어 앞선 세 가지 주요 축이 이론적 구성 작업과 경험적 차원에서 이루어진 작업의 토대를 이루고, 나는 1975년 이 접근의 총합을 유물론적이라 칭했다(델피, 『자본주의, 가부장제, 여성 투쟁』 참조). 시간이 지나면서 이 표현은 곧 이러한 접근 방식과 동의어가 되었고, 이로부터 영감을 받은 다른 저자들에 의해서 다시금 차용되고 있다.

　　그러나 누구든 예상할 수 있듯, 내가 이 단어를 발명한 것은 아니다. 이는 물론 마르크스의 선집을 참조한다. 사회의 조직 내에서 생산 양식을 중요시하는 데서 명백히 드러나듯, 나는 마르크스주의 분석의 전반적인 틀을 활용한다. 그러나 마르크스주의자가 아닌 이들에게 그리고 마르크스주의자들에게는 더더욱, 나는 마르크스의 명확한 분석과 현대 정통 마르크스주의자들의 분석으로부터 완전히 동떨어져 있는 것처럼 보인다. 하지만 나는 여타의 생산 양식에 대해 자본주의 생산 양식이 절대적으로 우위에 있다는 교조주의, 특히나 그 '유일함'을 거부하는 바다. 나는 다른 생산 양식이 존재한다는 가설과 이론을 세웠다. '유물론'('마르크스주의'가 아니다)이라는 용어를 활용하는 것은 내가 마르크스주의적 분석의 일반적인 주요 원칙들을 채택하고는 있지만, 마르크스를 비롯한 다른 이들처럼 이 원칙들을 특수하게 적용하기는 거부한다는 사실을 드러내고자 함이다. 내가 채택하는 주요 원칙들은 내게는 사회학적 사유의 결과로 여겨진다. 우리는 이 원칙들의 일부 요소인 하부구조와 상부구조, '경제에 의한 최종심 결정'과 같은 개념들에 관해 이야기할 수 있고, 그렇게 하고 있다. 비록 나는 이 개념에 찬성하지 않지만, 그렇게 할 수 있음은 분명하다. 반면 대부분의 사회학자는 설령 마르크스주의적 분석에 그들이 진 빚을 인정하지 않는다 하더라도 사유하고 글을 쓰기 위해 다음에 동의한다. 구체적인 분석으로써 그 방향을 드러내기 어려운 유기적 관계가 인류 전체에 있어 사회 조직, 특히나 생산 조직과 재현 체계, 나아가 민족지학자들이 넓게 쓰는 의미로서의 문화—관점만큼이나 행동 양식도 아우르는 용어다—를 연결한다는 점이다.

4. 기존 학문에 대한 비판과 페미니즘 관점의 발전

학문이 만들어낸 재현은 총체적인 문화의 일부를 차지하고 있으며, 이때 재현이 차지한 자리는 특수하거나, 특권적이거나, 모순적이다. 이 재현들은 일반적인 재현에 대립하며 그보다 우위를 점하리라고 여겨지는데, 이것이 바로 사회가 '과학'에 부여한 지위다. 이 지위는 이중으로 역사적이다. 서구 문명에 제한되는 이 지위는 아주 최근인 19세기 후반부에, 흥미롭게도 페미니즘의 제1물결과 흡사한 시점에 등장했다. 하지만 성에 대해 과학자들이 가진 시선은 그들의 문화가 지닌 시선과 다르지 않다. 그렇다고 과학이 연구해야 할 대상인 가부장적 현실을 '재생산'한다고 말하는 것만으로는 부족하다. 과학은 자기 영역에서 구체적인 절차를 통해서 여성에 대한 이차적인 억압을 만들어낸다. 이때의 억압은 『계층화 연구 속의 여성』에서 볼 수 있듯이 개념적이다. 과학은 자신의 언어 체계로 '통속적인' 가부장적 재현 체계를 더욱 강화한다.

따라서 질문은 다음과 같다. 전통적—역사적—으로 구성된 학문의 영역에서 가부장제를 이해하는 게 가능할까? 더 넓게는, 어떤 분과가 혹은 어떤 사람이, 존재를 알 수 없는 현상을 연구한다는 게 가능할까? 이 질문은 당장은 과학을 행하는 여성과 남성의 지위 간 차이라는 과학의 관행은 건드리지 않는다. 위의 두 질문이 서로 연관되기는 하나, 여기에서 나는 여성과 남성의 삶에서 실천되는 형태 그대로의 사회학 이론과 개념적 틀에 주목한다. 따라서 어떤 이론가의 성별이 무엇이냐가 문제가 아니라,『유물론 페미니즘을 위하여』속 이론의 젠더에 대한 문제다.

이전 글들에 담긴 비판을 체계적으로 집약하는 이 작업의 결론은 사회과학 내부의 페미니즘적 혁명을 촉구하는 것이다. 자연과학은 또 다른 문제다. 나는 사회적 움직임과 지식 간의 관계에 대한 가설을 발전시켰다. 어떠한 영역—여기에서는 예전의 '여성의 조건'—이 유물론적인 관점으로 이해되고 자연주의와 소위 이상주의에서 벗어나기 위해서는, 먼저 '실제' 투쟁의 쟁점이 되어야 한다. 이 가설은 앞서 말한 세 가지 축과 사유하는 이의 상황에 대한 이론에 기반을 둔다. 이 글을 쓴 뒤로—내가 이 글을 썼기 '때문'이라는 말이 아니다!—'상황적 지식'에 대한 이론, '관점 이론'이라고도 불리는 이 이론이 영어권 국가(영국, 미국, 캐나다, 호주, 뉴질랜드, 인도)와 북유럽에서 무척이나 널리 퍼졌다. 페미니즘 인식론에 대한 모든 책과 사회과학 인식론을 다룬 상당수의 책(그 가운데 다수가 앞서 언급한 이유로 영어로 쓰였다)이 상황적 지식을 여러 버전으로 발전시켰다〔이에 대해서는 하딩(1991), 프랑스 내 페미니즘 인식론 비판에 대해서는 특히 니콜클로드 마티외(1991)와 콜레트 기요맹(1992) 참조〕. 프랑스에서는, 페미니즘적 사유의 진보에 대한 기존 사회과학의 거부—다양한 수준으로 어디에서나 발견되는—가 너무나 뚜렷한 나머지 가끔은 이러한 입장이 승리를 거둔 것

처럼 보이기도 한다. 페미니즘 연구의 정당
성을 박탈하고 이 지식을 제도화할 수단에
다가갈 수 없게 만드는 것이다. 프랑스 외 지
역에서는 상황적 지식 이론이 지배적인 나
머지 아직 실증주의자들이 남아 있느냐며
실증주의를 공격하는 것이 허수아비를 공격
하는 것과 다를 바 없지 않냐고 의문을 던지
는 가운데, 프랑스의 상황은 정반대다.

　　실증주의는 '아르키메데스의 입각지'
를 찾으려는 척하면서 사회에 대한 외재성
을 추구한다. 신의 편재성에 대한 주장을 속
인주의적 용어로 번역한 것에 다름없는, 이
처럼 '아무 곳도 아닌' 곳에 대해 이야기하는
듯한 태도는 결국 '모든 곳'에 대해서 이야기
하는데, 이는 속인적인 권위를 행사하려는
태도와 함께 간다. '새로운' 인식론(사실은

새롭지 않다. 왜냐하면 실증주의에 대한 초기 비판이 이미 한 세기나 되었고 실증주의 자체와 같이 태어났기 때문이다)은 역사 혹은 사회 속에 존재하는 과학과 과학의 생산물을 그 안에서 사회적인 위계의 특정한 자리에 되돌려놓는다. 그렇게 함으로써 이러한 인식론은 계속해서 스스로의 절차를 과학에 적용하며, 외재성을 요구하는 실증주의의 비일관성을 드러낸다. 이는 지식을 상대화하는 결과를 낳고, 과학자들이 요구하는 권위 기반을 약화시킨다. 따라서 입지가 위태로운 실증주의가 프랑스에서는 계속해서 단단한 입지를 지닌다는 건 놀라운 일이 아니다.(프랑스 외에서도 정도는 덜하나 비슷하다.) 안티페미니즘과 실증주의에 대한 찬동은 같은 기원, 같은 쟁점을 가지고 있기 때문이다. 바로 권력이다. 실증주의 비판과 '위치 지어진' 이론이 처음 발생한 것이 그리 최근이 아님에도(Löwy 1985) 논쟁이 끝나지 않는 이유도 바로 그래서다. 실증주의는 오늘날에도 주기적으로 돌아온다. 마치 계속해서 탄압당하면서도 결코 사그라들지 않는 저항처럼.

　하지만 과학도, 페미니즘도 국경이 없다. 지식의 평가는 국가적인 차원도, 다국적 차원도 아니고 전 세계적인 차원에서 이루어진다. 1975년 내가 소원이라 불렀던 전 세계적 '지식의 페미니즘적 혁명'은 시작되었으며 계속되고 있다. 페미니즘적 사유는 지난 30년간 사회과학 전체가 한 세기 동안 한 것보다 더 많은 가설을 낳았고, 더 많은 개념을 만들어냈으며, 더 많은 대상—'여성 억압'을 비롯해—을 구성해냈다. 페미니즘 사상에 대항하는 프랑스 지식 기관 대표자들의 격렬한 공격(Delphy, Armengaud et Jasser 1994)은 후위전戰 특유의 형태를 보인다. 페미니즘에 반대하기 위해서는 반드시 페미니즘이 만들어낸 개념(예를 들면 젠더[4]) 중 일부를 빌려야만 하기 때문에, 이 대표자들은 방어적인 태도를 보인다. 하지만 젠더가 '섹스'와 동의어로 (개념이 아닌 용어로) 쓰이는 경우에도, '젠더'라는 단어가 발화되었다는 사실만으로도 이는 담론에서 싫든 좋든, 가장 일반적인 차원에서 가장 전복적인 차원—'젠더'를 사회 분열의 주요 쟁점으로 만드는—에 이르기까지 젠더에 대한 모든 함의를 끌어내게 된다. 그리고 그렇게 함으로써 페미니즘에 적대적인 이들은 페미니즘의 영역으로 끌려 나온다. 그들이 페미니즘과 그 영역이 존재할 만한 장소가 없거나 말할 가치가 없다는 듯 군다고 하더라도, 그렇게 된다.

계급 개념에서 젠더 개념으로

마르크스주의적 공리 체계를 고려하는 까닭
은 그것이 자연보다 역사, 사회적 구성, 문
화의 자의성을 우선시하기 때문이다. 이 공
리 체계는 미국에서 '사회적 구성주의'라고
부르는, 나 자신도 속해 있다고 여겨지는 학
파의 전조처럼 보였다. 마르크스주의적 개
념 가운데 일부는 부인할 수 없는 효용성을
가졌기 때문에 사회를 사유하는 이들 대부
분이 차용할 수밖에 없다. 그런 개념 중 내
가 사용한 것은 '계급'이다(『주적』 및 『결혼과 이
혼』참조). 이 용어는 앞서 필요하다고 언급
한 분석 방식에 적합하다. 즉, 이미 구성된
대상 자체—여기에서는 여성 억압—를 잘
게 쪼개어 (특정한 시각으로 조각을 만들어

낸다는 표현이 더 적합하겠다) 조각내는 방식 말이다. 더 정확히는 경제적 차원과 같은, 더욱 자세하게는 경제적 착취의 영역과 같이 비-특정적인 차원으로 쪼개는 것이다. 계급이라는 용어 자체가 다른 용어들보다 특별히 더 나은 건 아니다. 하지만 계급이라는 개념은 내가 알기로는 사회적 설명에 대한 요구에 최소한 부분적으로나마 부합하는 유일한 개념이다. 완전히 만족스럽지야 않지만, 억압을 분석하기 위해 사용된 어떤 개념보다 가장 덜 불만족스럽다고 말할 수 있겠다.

'집단'이라는 용어는 그 구성 양식에 대해 아무것도 말해주지 않는다. 지배자와 피지배자라는 집단이 각자 고유한 기원을 가지고 있다고 생각할 수도 있다. 이미 존재하는 이 각 집단이 다음으로 관계를 맺게 되고, '세 번째 단계에서' 이 관계는 지배로 특징지어진다. 계급이라는 개념에 대해서는 어떠한가? 이 도식이 뒤집힌다. 여기에서는 집단들이 지배 관계로 묶여 있어 각각 분리되어 생각될 수 없고, 관계를 생각하지 않고는 집단을 함께 고려할 수도 없다. 이 관계를 경제적 착취 관계로 규정지으면서 계급 개념은 나아가 사회적 지배를 설명의 핵심에 놓는다. 우리는 사회적 지배의 동기(경제적 착취)에 관해 논의하거나, 근본적인 도식을 바꿀 필요 없이 이러한 동기에 반대하거나 이를 바꿀 수 있다. 이것은 이분법적 개념이며 따라서 한계는 있다. 그러나 우리는 계급 개념이 광범위하고, 위계적이고, 마찬가지로 이분법적인 분류에, 특히 여성/남성(성인/

아동, 백인/비백인 등)과 같이 주어진 사회의 내부에 위치한 계층화에 어떻게 적용되고 있는지 볼 수 있다(『계층화 연구 속의 여성』참조).

계급 개념과 이 개념이 포괄하는 자연 발생적인 구성과 집단 그리고 그 위계화에 대한 이론을 활용하지 못했기 때문에, 우리는 암묵적으로 사회적 집단을 마치 우연히 한 영토에서 만난 민족인 듯 여기게 되었다. 그 불행한 만남이 아니었더라면 각자 자신의 자리에서 평화로이 여생을 살아갈 수 있었을 것처럼 말이다.

계급이라는 개념은 사회 구성의 개념에서 출발했으며 그 결과를 구체화한다. 집단은 더 이상 관계에 앞서 독자적으로 존재하지 않으며 오히려 관계가 집단을 만들어낸다. 따라서 성별 분업을 구성함으로써 '성별'이라 일컬어지는 집단을 만드는 사회적 관계와 사회적 관행을 밝혀내야 한다.

　　1970년대, 영어권에서 '젠더'라는 개념이 탄생하면서 이론적으로 매우 주요한 발걸음을 떼게 되었다. 나는 1976년부터 이 개념을 사용했다. 젠더 개념은 처음 등장했을 때 단 한 단어로 '성적' 이분법의 사회적 측면을 인정하고 그 사회적 측면을 사회적으로 다뤄야 할 필요성을 포괄했으며, 결과적으로 사회적인 측면을 성의 해부학적·생물학적인 면과 분리했다. 젠더는 성 역할에 대한 시선을 '성'의 구성 자체로 이동하게 할 방편을 잠정적으로나마 가지고 있다. 어떻게 이 잠재적인 힘을 발현시켜 가부장제를 연구하고, 여전히 부재하는 모델을 만들어낼 수 있느냐는 이어지는 책에서 다루려 한다.

주

1   나는 미국에서 3년간 연구를 하고 돌아왔기에 '그런' 연구가
    존재한다는 것을 너무 늦게 알게 되었다. 아마 앙드레 미셸과
    연구할 수 있었을 것이다. 시간이 더 지난 뒤에 그렇게 했다.

2   FMA(Féminin, Masculin, Avenir)는 1967년 안 젤린스키와
    자클린 펠드만이 만들어낸 그룹이다. 처음에 해당 단체는
    '여성성, 남성성, 미래'를 뜻했으나 나중에 여러 논쟁과 숙의를
    거쳐 악어를 바꾸지 않은 채로 1969년 '여성성, 마르크시즘,
    미래'라는 뜻으로 바뀌게 되었다.

3   이는 사라지지 않았다. 페미니즘 운동과의 접촉으로부터
    멀어질수록 자주 마주칠 수 있다.

4   우리는 여기서 베버와 만하임 이후 역사주의적 입장에서
    실증주의적 입장으로의 회귀가 계속적으로 일어남을 알 수
    있다. 역사주의는 그러나 그 저자를 포함한다고 해서 단순하게
    해소될 수 없고, 우리가 '과학적 자기통제'라고 부르는 지적인
    체조를 통해서 자신이 수호하는 원칙을 예외로 삼고 싶은
    유혹에 저항할 수도 없다. 뢰비는 이를 뮌하우젠 증후군이라고
    불렀다. 현대에서 이와 비슷한 예로는 부르디외가 있다.
    신실증주의라기보다는 은밀한 실증주의라고 불러야 할 그의
    주제는 관객의 시선을 역사주의적 두건을 휘두르는 왼손에
    고정해 오른손의 작은 움직임('자기 사회 분석')을 누구도 볼 수
    없게 했다. 그리고 그는 스스로 머리를 뽑아 거짓 병을 내세우던
    뮌하우젠 백작처럼 머리를 뽑아 양치기에게 주며 거짓 병을
    내세웠고 그러는 동안 역사의 강물은 우리를 휩쓸고 지나갔다.

참고문헌

Acker, J. (1973), 「Women and social stratification : a Case of Intellectual Sexism」, *American Journal of Sociology*, n° 78, p. 936-945.

Adams, R. N. (1971), 「The Nature of the Family」, *in* J. Goody (ed.), *Kinship*, Harmondsworth, Penguin.

Adlam, D. (1979), 「Into the Shadows」, *Red Rag*, n° 14.

Alzon, C. (1973), *La femme potiche et la femme bonniche*, Paris, Maspero.

Allauzen, M. (1967), *La paysanne française d'aujourd'hui*, Paris, Gonthier.

Archer, M. Scotford and Giner, S. (eds.), (1971), *Class, Status and Power*, London, Weidenfeld and Nicolson.

Barker, D. Leonard and Allen, S. (eds.) (1976a), *Sexual Divisions and Society*, London, Tavistock.

Barker, D. Leonard and Allen, S. (eds.) (1976b), *Dependence and Exploitation in Work and Marriage*, London, Longman.

Barrett, M. and McIntosh, M. (1979), 「Christine Delphy, Towards a Materialist Feminism?」, *Feminist Review*, n° 1.

Barron, R. and Norris, G. (1976), 「Sexual Divisions and the Dual Labour Market」, in Barker and Allen (eds.), *Dependence and Exploitation in Work and Marriage*, London, Longman.

Bastide, H. (1969), 「Les rurales」, *La Nef*, n° 38.

Bastide, G. et Girard, A. (1959), 「Le budget-temps de la femme mariée à la compagne」, *Population*.

de Beauvoir, S. (1949), *Le deuxième sexe*, Paris, Gallimard.

Becouarn, M.-C. (1972), *Le travail des femmes d'exploitants dans l'agriculture et l'évolution des techniques*, thèse de 3ᵉ cycle, Tours.

Beechey, V. (1977), 「Some Notes on Female Wage Labour in Capitalist Production」, *Capital and Class*, n° 3.

Beechey, V. (1979), 「On Patriarchy」, *Feminist Review*, n° 2.

Beechey, V. (1980), 「Patriarchy, Feminism and Socialism」, contribution in *the Jornadas de estudio sobre el Patriarcado*, Barcelon. Ronéoté.

Benston, M. (1969), 「The Political Economy of Women's Liberation」, *Monthly Review*, 21, n° 4. Réédité in Tanner, L. B. (éd.) (1970), *Voices from Women's Liberation*, New York, Signet Books.

Bernstein, B. (1975), *Langage et classes sociales, codes socio-linguistiques et contrôle social*, Paris, Minuit.

Bettelheim, B (1954), *Symbolic Wounds*, Glencoe, Free Press.

Bird, C. (1969), *Born Female*, New York, Pocket Books.

Bland, L. Brunsdon, C. Hobson, D. and Winship, J. (1978), 「Women Inside and Outside the Relations of Production」, *in CCCS*, *Women Take Issue*, London, Hutchinson.

Bloch, M. (1964), *Les caractères originaux de l'histoire rurale française*, Paris, Armand Colin.

Blood, R. O. and Wolfe, D. M. (1960), *Husbands and Wives, the Dynamics of Married Living*, Glencoe, Free Press.

Boigeol A., Commaille, J. and Roussel, L. (1975), 「Enquête sur 1000 divorces」, *Population*.

Bottomore, T. B. (1965), *Classes in Modern Society*, London, George Allen and Unwin.

Boudon, R. (1979), *L'inégalité des chances : la mobilité sociale dans les sociétés industrielles*, Paris, A.

Colin (1ʳᵉ édition 1973).

Bouglé, C. (1975), *Les idées inégalitaires : étude sociologique*, Paris, F. Alcan (1ʳᵉ édition 1899).

Bourdieu, P. (1972), ⌈Les stratégies matrimoniales⌋, *Annales, Économies, Sociétés, Civilisations*, n° 4-5, juillet-octobre.

Bourdieu, P. et Passeron J.-C. (1964), *Les héritiers*, Paris, Minuit.

Bourgeois, F., Brener, J., Chabaud, D., Cot, A., Fougeyrollas, D., Haicault M., and Kartchevsky-Bulport, A. (1978), ⌈Travail domestique et famille du capitalisme⌋, *Critique de l'économie politique*, série n° 3.

Bujra, J. (1978), ⌈Introductory, Female Solidarity and the Sexual Division of Labour⌋, *in* P. Caplan and J. Bujra (eds.), *Women United : Women Divided*, London, Tavistock.

Cazaurang, J.-J. (1968), *Pasteurs et paysans béarnais*, Pau, Marimpouey.

Chester, R. (1973), ⌈Divorce and the Family Life Cycle in Great-Britain⌋, communication au 13ᵗʰ séminaire annuelle du Committee on Family Research of the ISA, Paris, polycopié.

⌈Les chimères⌋ (1974), ⌈Et mon instinct maternel⌋, *Les Temps modernes*, n° 333-334. *Code civil français*, Librairie Dalloz, Paris (1970, 1974, 1978).

Cousins, M. (1978), ⌈Material Arguments and Feminism⌋, *m/f*, n° 2.

Dalla Costa, M.R. and James, S. (1973), *Le pouvoir des femmes et la subversion sociale*, Genève, Librairie Adversaire.

Davis, E. Gould (1973), *The First Sex*, London, Dent.

Dayre, D. in *Études et Documents du Centre de recherches économiques et sociales*, mai 1955.

Delphy, C. (1969), ⌈Le patrimoine ou la double circulation des biens dans l'espace économique et le temps social⌋, *Revue française de sociologie*, n° spécial sur les faits économiques.

Delphy, C. (1992), ⌈Féminisme et recomposition à gauche⌋, *Politis, la revue*, n° 1, hiver.

Delphy, C., Armengaud, F. et Jasser G. (1994), ⌈Une offensive majeure contre les études féministes⌋, *Nouvelles Questions Féministes*, vol. 15, n° 4, à paraître dans Delphy, C., *Chroniques féministes*, Syllepse, 2009.

Douglas, C. A. (1980), interview de Christine Delphy et Monique Wittig, *Off Our Backs*, 10, n° 1, p. 6.

Duchen, C. (1983), ⌈French Feminism since 1968, a study in politics and culture⌋, PhD thesis, New York University.

Duchen, C. (1984), ⌈What's the French for political lesbian ?⌋, *Trouble and Strife*, n° 2.

Duvall, E. M. (1957), *Family Development*, New York, Lippincott.

Edholm, F., Harris, O. and Young, K. (1977), ⌈Conceptualising Women⌋, *Critique of Anthropology*, n° 9/10.

Eisenstein, Z. (ed.) (1979), *Capitalist Patriarchy and the Case for Socialist Feminism*, New York, Monthly Review Press.

Engels, F. (1884/1972), *The Origin of the Family, Private Property and the State*, avec une introduction de E. B. Leacock, London, Lawrence and Wishart.

Féministes révolutionnaires (1977), ⌈Justice patriarcale et peine de viol⌋, *Face-à-femmes*, Alternatives n° 1.

Ferchiou, S. (1968), ⌈Differentiation sexuelle de l'alimentation au Djerid (sud tunisien)⌋, *L'homme*, 1ᵉʳ trim.

Feyerabend, P. (1979), *Contre la*

méthode, Paris, Le Seuil.

Finch, J. (1983), *Married to the Job, Wives' Incorporation in Men's Work*, London, George Allen and Unwin.

Firestone, S. (1971), *The Dialectics of Sex*, London, Jonathan Cape.

Flaubert, G. (1995), *Trois contes*, Paris, Le Seuil.

Galbraith, J. K. (1973), *Economics and the Public Purpose*, London, André Deutsch.

Galbraith, J.K. (1973), 『The Economies of the American Housewife』, *The Atlantic Monthly*, août.

Gardiner, J (1975), 『Women's Domestic Labour』, *New Left Review*, n° 89, janv.-fév.

Gilissen, J. (1959), 『Le privilège du cadet ou droit de maineté dans les coutumes de la Belgique et du nord de la France』, in *Mélanges Pétot, Études d'histoire du droit privé*, éd. Montchrestien.

Gillott, P. (1974), 『Confessions of an ex-Feminist』, *Cosmopolitan*.

Girard, A. (1958), 『Budget-temps de la femme mariée dans les agglomérations urbaines』, *Population*, n° 4.

Girard, A. (1958), 『Budget-temps de la femme mariée à la campagne』, *Population*, n° 2.

Girard, A. (1961), *La Réussite sociale en France*, Paris, Presses Universitaires de France.

Girard, A. (1964), *Le Choix du conjoint*, Paris, Presses Universitaires de France.

Goode, W. J. (1956), *Women in Divorce*, New York, Free Press.

Guillaumin, C. (1992), *Sexe, race et pratique du pouvoir : l'idée de nature*, Paris, Côté-femmes.

Habbakuk, H. O. (1968), 『Family Structure and Economic Change in 19th Century Europe』, *in* N. Bell and E. Vogel, *The Family*, New York, MacMillan, The Free Press.

Hanmer, J. (1978), 『Violence and the Social Control of Women』, *in* G. Littlejohn et al. (eds.), *Power and the State*, London, Croom Helm.

Harding, S. (1991), *Whose Science ? Whose Knowledge ?*, Buckingham: Open University Press.

Hartmann, H. (1974), 『Capitalism and Women's Work in the Home, 1900-1930』, PhD thesis, University of Yale.

Hays, H. R. (1965), *The Dangerous Sex*, London, Pocket Books.

Hennequin, C., de Lesseps, E. et Delphy, C. (Quelques militantes) (1970), 『L'interdiction de l'avortement, exploitation économique』, *Partisans*, n° 54-55, n° spécial 『Liberation des femmes, annees zero』, nov.

Himmelweit, S. and Mohun, S. (1977), 『Domestic Labour and Capital』, *Cambridge Journal of Economics*, 1, n° 1.

Insee (1973), *Principaux resultats de l'enquete permanente de 1971 sur les conditions de vie des menages*, n° 82.

Irigaray, L. (1974), *Speculum de l'Autre Femme*, Paris, Minuit.

Jackson, J. A. (ed.) (1968), *Social Stratification*, Cambridge, Cambridge University Press.

Jousselin, B. (1972), 『Les choix de consommation et les budgets des ménages』, *Consommation*, janv.-mars.

Kandel, L. (1980), 『Journaux en mouvements, la presse féministe aujourd'hui』 et 『Post-Scriptum, une presse "antiféministe" aujourd'hui : "Des femmes en mouvements"』, *Questions féministes*, n° 7.

Kooy, G. A. (1959), *Echtscheidingstendenties in 20ste eeuws Nederland inzonderheid ten plattelande*, (Divorce Trends in the Rural Areas of the

Netherlands in the Twentieth Century), Assen, Van Gorcum.

Laot, J. (1981), *Stratégie pour les femmes*, Paris, Stock.

Larguia, I. (1970), 「Contre le travail invisible」, *Partisans*, n° 54-55.

Larguia, I. and Dumoulin, J. (no date, about 1973), *Towards a Science of Women's Liberation*, Red Rag pamphlet, n° 1.

Leclerc, A. (1974), *Parole de femme*, Paris, Grasset.

Léger, D. (1976), 「Questions sur le travail domestique」, *Premier Mai*, n° 1.

Lénine, V. I., *Œuvres*, vol. xxiv, Moscou.

Le Roy Ladurie, E. (1972), 「Structures familiales et coutumes d'héritage」, *Annales, Economie, Sociétés, Civilisations*, n° 4-5, juillet-octobre.

Lewis, J. (1981), 「The Registration of "MLF" in France」, *Spare Rib*, n° 108.

Lilar, S. (1969), *Le malentendu du deuxième sexe*, Paris, PUF.

London, J. (1948), 「Le païen」, *Contes des mers du Sud*, Paris, Hachette.

Löwy, M. (1985), *Paysages de la vérité : introduction à la sociologie critique de la connaissance*, Paris, Anthropos.

McAffee, K. and Woods, M. (1969), 「Bread and Roses」, *Leviathan*, n° 3. Réédité *in* Tanner (ed.), *Voices From Women's Liberation*, New York, Signet Books.

McDonough, R. and Harrison, G. (1978), 「Patriarchy and the Relations of Production」, *in* A. Kuhn and A.-M. Wolpe (eds.), *Feminism and Materialism*, London, Routledge and Kegan Paul.

Mainardi, P. (1970), 「The Politics of Homework」, *in* Tanner (ed.), *Voices From Women's Liberation*, New York, Signet Books.

Mandel, E. (1962), *Traité d'économie marxiste*, Paris, Julliard, 10/18.

Marceau, J. (1976), 「Marriage, Role Division and Social Cohesion, the Case of Some French Middle Class Families」, *in* Barker and Allen (eds), *Dependence and Exploitation in Work and Marriage*, London, Longman.

Marczewski, J. (1967), *Comptabilité nationale*, Paris, Dalloz.

Mathieu, N.-C. (1991), *L'anatomie politique : catégorisations et idéologies du sexe*, Paris, Côté-femmes.

Mead, M. (1950), *Male and Female*, en français *L'un et l'autre sexe*, Gonthier, (1966).

Milhau, J. et Montagne, R. (1968), *Économie rurale*, Paris, PUF (coll. 「Themis」).

Mitchell, J. (1975), *Psychanalyse et politique*, Paris, Des Femmes.

Molyneux, M. (1979), 「Beyond the Domestic Labour Dispute」, *New Left Review*, n° 16.

Montagu, A. (1952), *The Natural Superiority of Women*, New York, Macmillan.

Murdock, G. B. (1949), *Social Structure*, New York, Macmillan.

Naville, P. (1971), 「France」, *in* Archer and Giner (eds.).

Nouacer, K. (1969), 「Maroc, la segregation」, *La Nef*, n° 38, oct.-déc.

Olah, S. (1970), 「The Economic Function of the Oppression of Women」 *in* S. Firestone and A. Koedt (eds.), *Notes From the Second Year*, New York : Notes from the Second Year.

Parti communiste français (1970), *Les communistes et la condition de la femme*, Paris, Editions sociales.

Perrot, M. (1961), *Le mode de vie des familles bourgeoises*, Paris, Colin.

de Pisan, A. and Tristan, A. (1977), *Histoires du MLF*, Paris, Calmann-Levy.

Pedinielli-Plaza, M. (1976), 「Différence de sexe et réalité des femmes」, brochure.

Plaza, M. (1977), 「Pouvoir "phallomorphique" et psychologie de "la femme"」, *Questions Féministes*, n° 1. Traduit in *Ideology and Consciousness*, n° 3 (1978).

Righini, M. (1974), 「Etre Femme enfin !」, *Le Nouvel Observateur*, 15 mars.

Rich, A. (1980), 「Compulsory Heterosexuality and Lesbian Existence」, *Signs*, 5, n° 4. En français 「La contrainte à l'hétérosexualité et l'existence lesbienne」, *Nouvelles Questions Féministes*, 1981, n° 1, mars.

Rouxin, C. in *Populations et Sociétés*, n° 23, mars 1970.

Rubin, G. (1975), 「The Traffic in Women, Notes on the "Political Economy" of Sex」, *in* R. R. Reiter (ed.), *Toward an Anthropology of Women*, New York, Monthly Review Press.

Seccombe, W (1974), 「The Housewife and the Labour under Capitalism」, *New Left Review*, n° 83, p. 3-24.

Sahlins, M. (1974), *Stone Age Economics*, London, Tavistock.

Silvera, J. (1975), *The Housewife and Marxist Class Analysis*, Seattle, Wild Goose Pattern. de Singly, F. (1987), *Fortune et infortune de la femme mariée*, Paris, PUF.

Stoetzel, J. (1948), 「Une étude du budget-temps de la femme dans les agglomérations urbaines」, *Population*, n° 1.

Sturgeon, T. (1960), *Venus Plus X*, New York, Pyramid Books.

Tanner, L. B. (ed.) (1970), *Voices From Women's Liberation*, New York, Signet Books.

Terray, E. (1972), *Le marxisme devant les sociétés primitives*, Paris, Maspero.

Veblen, T. (1899), *Theory of the Leisure Class*, en français *Théorie de la classe de loisir*, Paris, Gallimard, 1970.

Weitzman, L. (1985), *The Divorce Revolution*, New York/London, The Free Press/Collier MacMillan.

Wolfelsperger, A. (1970), *Les biens durables dans le patrimoine du consommateur*, Paris, PUF.

Zelditch, M. (1964), 「Family, Marriage and Kinship」, *in* R. E. L. Faris (ed.), *Handbook of Modern Society*, Chicago, Rand McNally.

Zetkin, C. (1934), 「Les notes de mon carnet」, *Lénine tel qu'il fut*, Paris, Bureau d'éditions.

기획의 말

이민경

크리스틴 델피는 20세기 페미니즘에 한 획을 그은 이론가다. 그의 사상은 영미권을 포함한 서구 사회 전반에 커다란 영향을 끼쳤으나 그 사실은 프랑스 사회에서도 그다지 선명하게 남아 있지 않다. 대중에게 그의 이름은 잊힌 상태다. 그러나 델피는 피에르 부르디외나 카를 마르크스와 같이, 당시에도 그랬지만 시간이 지남에 따라 더욱더 걸출해지는 남성 이론가들의 이름에 정면으로 대립했다. 그가 남긴 여러 저작 가운데 『주적: 가부장제의 정치경제학』은 당시의 제2물결 페미니즘이 확산하는 와중 현실에 첨예하게 개입한 그의 사상이 가장 잘 녹아 있는 이론서다. "사적인 것이 정치적인 것이다"라는 문장을 중심으로 여성운동이 확대되는 과정에서 델피는 여성 억압의 발생 장소로서 가족을 지목한다.

그의 글은 68혁명 이후 여성운동이 확대되던 프랑스 사회의 현실적인 맥락, 현실에 관여하는 남성

이론가들이 발휘하던 영향력과 긴밀히 얽혀 있다. 델피는 교육과 계급 재생산의 관계를 분석한 부르디외의 『상속자들』에 대해 젠더 분석이 누락되었음을 반박했다. 또한 남성이 연대라는 명목으로 여성운동의 선봉에 서고자 하는 현실을 지적하고 '상황적 지식'의 개념을 지식장에 기입했다. 이 사실은 페미니즘과 친숙한 이들에게는 그다지 새롭지 않게 받아들여질 수 있다. 그러나 걸출한 분석에 대해 젠더 관점의 부재를 지적하거나 여성운동에서 남성이 대표를 자처하는 현실을 비판하는 문제가 익숙하게 받아들여지게 되는 흐름을 거슬러 올라가보면 델피의 언어가 있다. 이 이론서는 이제는 하나의 조류를 형성한 언어가 막 세상에 모습을 드러냈던 순간을 담고 있다.

델피가 짧게 언급하고 있지만, 당시 프랑스 내에서 여성은 억압당할지언정 경제적으로 착취당하지 않는다는 취급을 받았다. 페미니즘은 부르주아의 전유물이라는, 오늘날 한국 사회에서도 왕왕 포착되는 이 혐의는 여성 억압이 경제적인 문제와 무관하다는 주장과 연결되어 있다. 이 책에서 델피는 기혼 여성이 집안에서 무료로 노동하는 이유는 노동에 내재된 가치가 없기 때문이 아니라 그것이 시장에서 교환되지 않음으로써 가치가 형성되지 않기 때문이라 분석하면서 페미니즘을 전유한 부르주아 여성이라는 계급이 사실은 존재하지 않는다는 주장까지 밀고 간다. 『주적』에 실린 글들이 발표된 시점은 1970년대로, 해당 시기는 프랑스에서 기혼 여성이 자신의 이름으로 계좌를 가질 수 있게 된 1965년 직후다.

델피의 주장은 시공간을 초월하나, 현실에 즉각적으로 개입하는 글을 써냈기 때문에 2020년대 한국 사회의 독자들(동시대 프랑스 독자들에게도 다르지 않을 것이다)에게는 와닿지 않는 인물이나 사건도 언급하고 있다. 그래서인지 영역본에는 적잖은 부분이 누락되어 있다. 그러나 오늘날의 독자들에게 와닿지 않는 부분을 들어내기보다는 관념적인 세계에서, 현실의 물질성과는 무관하게 탄생하는 듯 여겨지는 이론이 실은 아주 구체적이고 지엽적인 맥락에서, 대립하는 인간들 사이에서 생겨나는 행동 혹은 반동임을 드러내고자 했다. 델피가 대립했던 부르디외나 마르크스의 모든 고전 역시 난해하거나 와닿지 않는 문장을 포함하고 있을지라도 누락하지 않은 채 그대로 해석되는 일이 세대를 거듭해 계속되는바, 같은 방식으로 번역하였다.

기획의 말